박진형 詩集

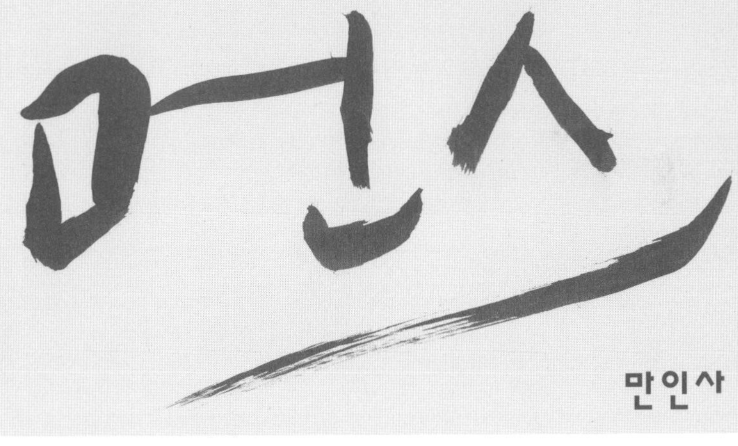

만인사

퍼포먼스

자서

나는 논다. 놀고싶어 안달한다. 10년 남짓 퍼포먼스 속으로 나를 밀어넣고 놀았던 흔적이 이 시집인 셈이다. 퍼포먼스가 몸의 기호라면, 여기에 실린 시편들은 몸의 기호를 따라간 길이라 할 수 있다.

나는 가까운 화가들과 무던히도 어울려 돌아다녔다. 또한 조각가이며 행위예술가인 윤명국과 함께 다니며 펼쳤던 일탈의 몸짓이 시집 곳곳에 숨쉬고 있다. 특히 '김천국제퍼포먼스아트페스티벌'을 온몸으로 받아들여 연작시 「퍼포먼스 시편」을 썼다. 그리고 여기 저기 발표했거나 숨겨두었던 작품들을 다시 한 자리에 앉혔다.

나는 감히 고백하겠다. 그간 퍼포먼스와 함께 논 시간이 지극히 행복했다고……. 광기와 일탈, 울림과 새로움쪽으로 순간순간 경사해간 마음의 형태를 이쯤에서 세상 속으로 풀어놓는다.

나의 시에 일탈과 새로움의 영감을 준 행위예술가들에게 경의를 표한다.

차 례

3. 생이 다 망가질 때까지

4. 너를 랩핑한다

5. 감나무와 시인

6. 말하는 소파

| 시인의 산문 |

| 해설 |

1 —— 몸과 길

새가 되고 싶은 나

꽃이 새가 될 수 있다면
나무가 새가 될 수 있다면
돌멩이가 새가 될 수 있다면
땅따먹힌 땅이 새가 될 수 있다면
검은 비닐이 새가 될 수 있다면
오색 풍선이 새가 될 수 있다면
구름이 새가 될 수 있다면

자유가 자유를 그리워하듯
그대가 눈물뿐인 사랑을 끌어안듯
새가 비로소 새가 되듯

몸과 길

자루 속에서
한 사내가 길을 꺼낸다
헐렁한 몸 속에서
줄줄이 달려나오는
오방색 길

피범벅인 노을이
생뚱스런 얼굴을 하고
발바리 한 마리 데리고
느릿느릿 지나간다
다리가 짧은 발바리가 따라간 길을
한 여자가 기억해낸다

붉디붉은 울음 구겨들고
사내가 자루 속으로 들어간다
길의 끝에는 쉼없이 바람이 펄럭인다
다시 살아봐야 겠다고
중얼중얼거리며

하늘에 똥침 놓자

그 사내는
쉼없이 중얼거리며
검은 비닐주머니에서
풍선 꺼내 하늘로 날리다가
풀밭 위에 둥그렇게 폭죽 꽂아놓고
팍팍팍 초록 불꽃 피워 올리다가
대낮에 촛불 한 자루 켜 들고
까치발 딛고 하늘에다 대고
삿대질해쌓으며
똥침 놓는다

파랗게 질린 여름 하늘이
한 바탕 소나기 퍼질러놓자
말짱하던 풀밭이 금세 눈물 글썽이며
푸르죽죽한 사내를 훔쳐본다

—이제, 어디에다, 똥침 놓지

지붕 위의 의자 두 개

슬라브 지붕 위에
저문 하늘을 배경으로
붉은 나무의자와
흰 플라스틱의자가
덩그러니 놓인다
사내 둘 사다리 타고
하늘로 올라간다
붉은 나무의자가
시를 읽는다
흰 플라스틱의자가
시계추를 흔든다
영 손발이 맞지 않는
시계추와 詩錐 사이
엇박자로 달이 떠 있다
시인이 앉았다 떠난
붉은 나무의자가
달 속으로 들어가고

다리가 두 개 뿐인 의자

다리가 두 개 뿐인
나무의자를 든 사내가
요리조리 허방다리춤 춘다
별것 아닌 별것을 들고
별것처럼 잘도 논다
지겨운듯 허공 내려놓으니
45도로 누워 있기도 하고
비스듬히 서 있기도 한
다리가 두 개 뿐인 나무의자는
非定型의 생이다
뺑덕어미구름이 지나가다
슬쩍 엉덩이 걸치니
등짝이 벗겨진다
오래 치통 앓다 빠진 사랑니처럼
곪다만 뾰루지처럼

거울을 위한 다섯 개의 미사

1

거울 속에서
왼쪽 귀가 심각하게 망가진
고흐가 걸어나온다

달팽이관 적시는 여름비가
초록 혓바닥 꺼내어
거울 닦고 있는
하오 2시

왼쪽 귀의 행방은
오리무중

2

연못가에
앉은뱅이 나무의자에
시계추가 비스듬히 놓여 있다

올챙이 한 마리

뒷다리가 쏘옥 앞다리가 쏘옥
꼬물꼬물꼬물 개구리가 된 시간을
올챙이에게 되돌려준다

시계추가 흔들린다
—여기가 어디니?
시계추가 흔들린다
—너는 누구니?
시계추가 흔들린다
—전속력으로 사랑했니?
시계추가 흔들린다
—눈물의 경계 지웠니?
시계추가 흔들린다
—아, 아니 꽃 피웠니?
시계추가 흔들린다
—여기가 연옥이니?
시계추가 흔들린다
—영생의 몸 받았니?
시계추가 흔들린다
—지금 몇 시니?

3

오후한시가연못속으로들어간다

물방개가휘젓다만수면이깨어진다

아이가앉았다떠난나무의자는엉덩이를생각한다

연못에빠져허우적이는구름이얼굴베인다

의자에앉았던한아이를보랏빛구름이기억해낸다

혼자훌쩍이는의자를어미구름에게데려다준다

4

왼쪽 귀를 찾아 떠돌다온 李箱이 털썩 의자에 주저앉는다 파이프에 꾹꾹 구름 눌러 쓰윽 불 당기면 어느새 화들짝 달아오르는 장미꽃. 그을음 없는 꽃의 심연에서 거울이 깨어진다 거울 속으로 들어갔다 나온 이상이 구름모자 들고 애인에게 간다 다람쥐야 안녕, 사팔뜨기 금붕어야 안녕, 발목 짧은 비둘기야 안녕, 꼬리없는 초록도마뱀아 안녕, 밀밭 지나가는 초록바람에게도 인사해야지 애인아

미샤 마이스키가 만들어내는
무반주 첼로 弔曲
문득, 끊어지고

5

네가 거울이니
얼굴에 들어가 움푹 박힌 내 눈이
서럽게 불타고 있니
박태기나무에 화농진 마음이
다시 거울 속으로 들어갔다 나왔니
아직 너, 살아 있니

고요에게

가을 한낮에
원형 무대 한 가운데
이젤이 놓이고
그 위에 도화지가 놓이고
그 곁에 간이의자가 놓인다
남빛 간이의자 위에는
검은 양복이 앉아 있다
락이 귀청 뚫고 지나가자
백지 속으로 한낮이 들어간다
무채색 마음 굴절시키며 흰색이
햇살을 빨아들였던가
폴라로이드 카메라가
관객의 표정 연신 찍어내어
도화지 위에 촘촘히 붙여둔다
잠자리가 잠시 앉았다 떠난
표정 위의 한 고요

거울과 사내

사내는 거울 속으로 들어가고 싶어 안달한다 황칠한 얼굴 들이밀고 막무가내로 쳐들어간다 아무리 얼굴 문질러도 거울애인은 받아주지 않는다 빨강 파랑 초록 물감 으깨어 쳐바르다 케이크 들고 요리조리 춤 추다가 냅다 거울에 끼얹고 얼굴로 으깬다

싫어, 싫어 도리질하지 않는 거울

속의, 사내가
밖의, 사내를
물끄러미 내다본다

이것은 파이프가 아니다, 고

라일락 아래
나무의자에 앉은
르네 마그리트씨는
황금 파이프에
연분홍 구름 태운다
쉼없이 안으로만
구름 도넛 빨아들이다
더 이상 빨아들일 수 없을 때
후유, 들숨 내뿜는 라일락은
몽글몽글 보랏빛 꽃을
지상에 뱉아놓는다
눈물의 육각수인 달팽이는
자웅 동체의 몸을 하고
남몰래 사랑한 밤이 있다
그런 밤에
르네 마그리트씨의
황금 파이프에는
시간이 꼬물꼬물
알을 까고

구름새

새는
구름 끝에 가
앉는다

포수인 화가가
탕, 탕, 탕
포수가 아닌 시인이
탕, 탕, 탕,
연속 동작으로
쏘아대지만

구름과
몸 바꾼 새는
더 이상 지상으로
내려 오지
않,
는,
다

새는 날고 싶어한다

홍오봉은
색종이 뿌려진 바닥을
몽당 빗자루로 쓸어내고
검정 비닐에서 밀가루 꺼내어
새의 형상을 만든다
날개도 쓱싹 달아두고
흰 스프레이로 으깬
새의 눈에 노을이 감긴다
낡은 담벼락에도
관객의 손바닥에도
흰새 한 마리씩
붙들어둔다

노랑할미새 박새 오목눈이 굴뚝새 곤줄박이 동고비 직박구리 까막딱다구리 흰뺨검둥오리 소쩍새 원앙새 뻐꾸기 노랑턱멧새 수리부엉이 올빼미 물까마귀 동박새 말똥가리 물총새 청호반새 삼광조 검은댕기해오라기 흰눈썹황금새 찌르레기 검은딱새 밀화부리 붉은배새매 꼬마물떼새 댕기물떼새 청머리오리 흰두루미 쇠백로 멋장이새 황여새 새홀리기 물까마귀 뿔논병아리 쇠물닭 숲종다리 콩새 깝짝도요 노랑부리저어새 쑥새 유리딱새 후투티 울새

막대풍선 두 동강 내자

피웅 하늘로 날아오르다 지상으로
콕, 꼬꾸라진다

먹물새

내소사 대웅전
오방색 미처 감추지 못한
서까래 하나
빈 채로 남겨 두었나

큰 붓 입에 문 사내가
먹물 한 동이 확 뒤집어 쓰고
땅바닥에 온몸으로 기어다니며
해찰하고 있다

삐뚤빼뚤 몸 뚫고 나온 먹물
어, 세상 한번 巨하게 칠했다

벌레 먹다만 두리기둥
검디 검은 단청 속으로
눈 깜짝 할 새
날아가 버렸나

2 —— 초록 누드

「　　」 속으로

행위예술가 윤명국이
2004년 5월 29일 오후 6시 30분에
고령 박곡리 이규목 화실 잔디밭에서
「초록 뺑끼통」이란 이름을 달고
초록 물감을 머리부터
확 뒤집어썼다

「　　」 속으로 풀종다리가 들어간다
「　　」 속으로 잽싸게 도마뱀이 들어간다
「　　」 속으로 도마뱀 꼬리도 들어간다
「　　」 속으로 여치가 들어간다
「　　」 속으로 땅강아지가 들어간다
「　　」 속으로 송장메뚜기가 들어간다
「　　」 속으로 화가가 들어간다
「　　」 속으로 시인이 들어간다
「　　」 속으로 거지아이도 따라 들어간다
「　　」 속으로 풀밭이 통째로 들어간다

초록 뺑끼통 속으로 들어갔다 나온
여름해가 피묻은 얼굴 스윽쓱
서쪽 하늘에 문지른다

풀밭 위의 사랑

풀밭에 시계불알이 내팽개쳐져 있다*

시계불알을 붙들고 풀밭이 흔들린다
끌어당기고 나뒹굴고 뒤엉키다
초록 뼁끼통 엎질러버린다

풀밭이 시계불알과 /관계를 맺는다
/받아들이고 간섭한다
/길들여진다

풀밭과의 관계항
(땅강아지 청개구리 오목눈이 초록구름이 집을 짓는다)
내가 너를 받아들여 한 生을 건너간다
관계맺다 받아들이다 길들여지다
/그만 시간을 잃어버린다

풀밭이 부글부글 알을 깐다
초록불 지핀 한 생이 낭자하게 타오른다
불길 속에서 땅강아지도 여치도 구름도
열심으로 말짱하다

나는 너에게 망가진 풀밭을 보여준다

풀밭이 시계불알과

/관계맺기를 그만 둔다**

「　」풀어버리자 풀밭이 시들시들해진다

*윤명국이 이규목 화실 잔디밭에서 「초록 삥끼통」이란 이름을 달고 퍼포먼스를 하고 연못가에 그냥 둔 괘종시계추를 화가 이규목이 풀밭에 휙 내던져 버렸다.

** 한 계절이 다 지난 뒤 윤명국은 느닷없이 풀밭을 다 뒤져 시계추를 찾아낸 뒤 다시 그의 퍼포먼스 속으로 데리고 갔다.

色色의 치약으로

*

녹나무가
초록치약 꺼내어
이 닦자
가시투성이 찔레꽃이
흰치약 꺼내어
이 닦는다
장미꽃도 그만
붉은 치약 꺼내어
제 얼굴 부비다
멀뚱해진다

어느새 곁눈질한 사내가
자주치약 듬뿍 묻혀 이 닦는다
가루비누 푼 물에 입 헹구고
풀밭에 휙휙 뿌려댄다

**

저 사내는
왜. 왜, 色色의 거품으로
이 닦나

늙은 감나무가
초록 이빨 드러내어
삐죽 웃는

초록 누드

초록비 마중 나간
풀밭 위에 피아노가 한 채
덩그러니 앉아 있다

심심함 견디지 못한 피아노가
홀라당 옷 다 벗어버린
여자의 알몸 받아들였던가

희디흰 거울에 되비친
축 늘어진 비계덩어리 풍경
연주해 내고 있다

고요의 한 귀퉁이 잘라내어
온몸에 덧칠하는 물푸레나무가
초록 누드 완성하는 한낮

풀밭 위의 소품

안데스 산맥이 숨겨둔 티티카카호 명경알 같은 호수 위로 미끄러지는 갈대배 타고 물고기 잡고 사는 인디오의 알록달록한 모자 쓴 사내가 염소수염도 싹 밀어버리고 대낮에 느닷없이 한 여자를 풀밭 위의 소품으로 불러내었다 소나기 한 차례 지나간 풀밭에 바위가 앉고 바위 위에 알몸의 여자가 앉는다 축 늘어진 유방과 뱃심좋게 출렁이는 아랫배 감추어도 드러나는 거무튀튀한 사타구니와 바람 빠진 한낮이 정물로 놓여 있다

소나기 한 소끔 훑고 지나간
풀밭 위에 팽팽한 고무줄 툭 끊긴
여름 한낮이 졸고 있다

토마토는 맛 없다

토마토는 붉다
붉은 것은 사과
사과는 맛 있다
맛 있는 것은 바나나
바나나는 길다
긴 것은 기차
기차는 시끄럽다
시끄러운 것은 정치꾼
정치꾼 얼굴은 두껍다
두꺼운 것은 악어가죽
악어가죽은 질기다
질긴 것은 모지라진 놋숟가락
놋숟가락 엿바꿔 먹자
엿은 맛 없다
맛 없는 것은 토마토
토마토는 붉다

일곱 아이가 무대로 올라가
색종이 찢어 하늘에 날린다
팔랑팔랑 허공으로 올라간 색종이가
지상으로 무지개 데려온다

플루트 부는 사내

하오의 햇살 되쏘는
민머리에 올빼미 안경 쓴 사내는
턱수염 단정히 기른 뒤
맨발로 플루트 불며
풀밭을 건너간다

그 뒤를 동네 쥐란 쥐 다 따라간다
아이란 아이 다 따라간다
소리길 따라 강물 속으로
꼬르륵 꼬르륵 빠져 죽는다

사내는 아무렇지도 않은 듯
손때 묻은 플루트 닦아
갈비뼈 아래 숨긴다

자루 속으로 들어가다

자루 속으로
남자 A 들어간다
자루 속으로
여자 A 따라 들어간다
자루 속으로
남자 B 들어간다
자루 속으로
여자 B 따라 들어간다

자루 속에서
남자와 여자가
뒤엉키고 엎어지고 뒤틀리고
길죽하게 드러눕고
코뿔소가 여기저기
불쑥불쑥 솟구친다

이십 년 전
아내와 함께 본
호암아트홀 마당에 놓인
헨리 무어 같은

비스킷 의자

MBC갤러리
어린 때죽나무 아래
비스킷 의자*가 놓여 있다
청동의 사내 둘 마주 보며 비스킷 물고
나른하게 눈 감고 있다

베어먹다만 비스킷 의자에
남자와 여자가 앉는다
어깨 감싸고 비스킷 입에 물고
여자의 입 속으로 건네준다

홍몽일까
비스킷 의자 간 데 없고
때죽나무 흰별꽃 죽음의 향기 좌악 흩어놓았다

얼굴 납짝해진 사내가
저문 밤하늘 쳐다보다가
찌그러진 분홍별 하나
왼쪽눈에 박아 넣었다

---

* 조각가 구본주(1967~2003)의 「비스킷 나눠먹기」를 확대 재생산한 작품

달팽이 걸음으로

쪼그려앉은 사내가 백묵으로 쓱싹쓱싹 선 그으며 가고 있다 희미한 선 따라 오리궁뎅이도 가고 있다 이슬 젖은 풀잎도 집 버린 달팽이도 뒤따라 가고 있다

시든 풀잎 위에
혓바닥 굴리는 이슬 속에
아침해가 펑, 터진다

3 —— 생이 다 망가질 때까지

생이 다 망가질 때까지

태국에서 온
츰뽕 아피숙은
오십줄의 사내
십분 무료 공연 위해
호주머니 탈탈 털어
비행기로 날아온 사내

놋날로 쏟아지는 빗발 뚫고
밀대 들고 바닥 청소한다
간간히 스며드는 불빛
찢겨진 비옷 따윈 아랑곳없이
보도블록 밀고 간다

온몸으로 온몸으로
生이 다 망가질 때까지

베개 프로젝트

심홍제는
베개가 화두이다
껴안고 밥 먹이며
입 맞추고 낄낄거린다
베개 머리에 이고
혜초가 걸어갔던
往五天竺國 따라 나선다
물집 잡힌 발바닥
절뚝이며 걸어간다
고비사막 한 가운데
베개 내려놓고
한 바탕 피리 불어
따라온 길을 달랜다
천산북로에도 눈발이 치던가
어둠 한 복판 걸어가는
눈물 고여 질척거리는 사내보다
늦게 자고 일찍 깨는
반가사유하는 저
베개 부처

베개를 觀하다

베개가 일어나네
베개가 세수하네
베개가 아침밥 먹네
베개가 비타민 먹네
베개가 출근 서두르네
베개가 지옥철 타네
베개가 신문 꺼내 읽네
베개가 책상에 앉네
베개가 컴퓨터 켜네
베개가 안부 전화하네
베개가 서류 뒤적이네
베개가 마음에 점 찍네
베게가 낮잠 자네
베게가 거리를 배회하네
베개가 술집에 가네
베개가 집으로 돌아오네
베개가 저녁밥 먹네
베개가 티브이 보네
베개가 경매 사이트 뒤지네
베개가 피자 먹네
베개가 죽부인 껴안네
베개가 꿈없는 잠 자네

밥물이 넘는 동안

안면도에서 온
박미루는 파도소리 끌고와
혼신으로 난타한다
둥둥 북이 울리는 동안
압력밥솥에서 푸푸푸
밥물이 넘쳐난다

밥물이 넘는 동안
한 아이가 태어나고
밥물이 넘는 동안
백일째 붉은 꽃이 피었다 지고
밥물이 넘는 동안
한 독재자가 쫓겨나고
밥물이 넘는 동안
북해산 브랜트유가 최고가를 갈아치우고
밥물이 넘는 동안
황금사원이 폭싹 내려앉고
밥물이 넘는 동안
미 남부에 허리케인이 상륙하고
밥물이 넘는 동안
백년만에 희랍 올림픽이 열리고
밥물이 넘는 동안

중국은 한국사를 몽땅 들어내고
밥물이 넘는 동안
남극의 오존층 구멍이 더 뚫리고
밥물이 넘는 동안
카드 빚에 몰려 자살도우미를 구하고
밥물이 넘는 동안
바람아래 모래언덕이 사라지고
밥물이 넘는 동안
한 사랑이 다른 한 사랑을 만나고
밥물이 넘는 동안
한 아이가 늙어 죽고

안면도에 둥둥 북이 울린다
쉼없이 파도는 흘러왔다 흘러가고

웃음에 관하여

노래를 부르다
느닷없이 웃음보가 터져서
무대 위를 껑충껑충 뛰어다닌다
발 동동 구르고 배 움켜잡고
무대 위를 나뒹군다

여러분 우리 같이 웃어봅시다
하 하 하 하 하 하 하 하
어떠세요 재미있지요
우리 편을 갈라 함께 웃어봅시다
중앙 카메라를 중심으로
자, 왼쪽부터 먼저 시작합니다

으하 하 하 하 하 하 하 하하하하하

그럼 오른쪽은 왼쪽보다 더 크게 웃어주세요

우리 죽을 힘을 다해
웃어봅시다
더 크게
좋습니다
한번만 더 크게

웃어봅시다

크하 하 하 하 하 하 하 하하하하하

凹와 凸 사이 1

凹와 凸 사이
하루가 저문다
자전과 공전이 있었고
백년의 사랑과 고독이 저물고
땅과 하늘 사이 여자와 남자가 태어나고
밤과 낮이 다시 생겨나고
남자가 여자 속으로 들어가고
새가 날아가다 허공에서 멎고
폭설이 내려 피다만 꽃 다시 얼리고
사이와 사이와 사이에서
너는 꽃 핀다 꽃 피지 않아도
깊어지고 넓어진 얼굴로
내게 온다

凹와 凸 사이 2

인도판지층이유라시아판속으로
빨려들어가면서바닷속이요동친다
지각을확까뒤집어버린다
쉼없이빨려들어가면서
凹와凸사이를
분노의바다가채운다
일만년의고독을해일이통째로
집어삼켜버린다

凹와 凸 사이 3

서양에서 온
스킨맨이란 이름을 단 사내가
제 가죽 벗겨 들고
생에 단 한 번 뿐인
퍼포먼스한다

오랫동안 그를 따라온 길
진흙바닥에 찍힌 발자국 거두어
슬몃 보여주곤 한다

凹와 凸 사이
용케 빠져나온 사내가
둥그렇게 마음 끼워넣고
낑낑거린다

거기, 한 백년 전의 내가 서 있다

붉은 하트 심장

더부룩 턱수염 기른 사내의
퀭한 눈자위에 얹힌 일자 눈썹
불빛에 짠하게 드러난다

간이무대 위에 하얀 의자가 놓인다
흰 양복에 흰 구두 신은 사내가 앉는다
호주머니에서 붉은 풍선 꺼내어
목 뒤로 젖히고 분다
막 부풀어오르기 시작하는 하트 심장
흰색과 붉은 색의 임계점을
스포트 라이트가 아슬아슬 붙든다
일순 붉디붉은 심장이 펑 터진다
호주머니에서 다시 풍선 꺼내 분다
잠시 숨 몰아 쉬다 또 분다

펑펑펑 식어빠진 사랑의 잔해들
땅바닥에 좌악 깔리고

지겨운 生에 관한 한 보고서

회갑 갓 넘긴 사내가
티셔츠에 청바지 바람으로
무대 위로 올라온다
주섬주섬 호주머니 뒤져
열쇠꾸러미 바닥에 내려놓는다
시계도 풀고 지갑도 만년필도
손수건도 짤랑이는 동전도
(그리움이 거덜난 사랑은 짤랑거리지)
무대 위에 일렬로 늘어놓는다
호주머니 까뒤집어 탈탈 털어내고
(빌어먹을 생에 옴 붙었나)
티셔츠와 런닝도 벗는다
허리띠 풀고 바지도 벗고
한 장 남은 팬티마저 차 던지니
엿가락으로 늘어놓은 일상 끝에
팍삭 쪼그라든 남근이
비스듬히 따라 눕는다

고장난 태엽 되감으며
무대 밖으로 사라지는 사내의
등 뒤로 조명이 꺼지고

어느 독백주의자

터덜터덜 골목길 돌아온 사내가
아파트 초인종 누른다 철문 따고
집 안으로 밀고 들어간다
신발 벗는 둥 마는 둥 식탁에 앉는다
여태 아무도 오지 않았나 모서리에 앉아
소주잔 들이붓는다 프로판 가스 위에서
냅다 오그라든 오징어 쫘아악 찢어
마요네즈에 찍어 입에 밀어넣는다
질근질근 씹히는 생이라니 도대체
삶이란 性이 차지 않는다

사내는 불 꺼진 방을 왔다갔다 한다
호주머니에서 고무줄 꺼내어
얼굴에 칭칭 감는다
고무줄에 칭칭 감긴 얼굴로
창 밖을 내다본다
(이지러진 수은달 떠 있다)

너도 슬프니, 달아

그림자를 싹둑 자르다

그늘만 골라 다니는
사내가 있다
햇빛 등지고 서서
그림자의 그늘 내려다본다

키보다 한 뼘이나 큰
그림자에 붙들린
그늘 속에 지워진 시간을
물끄러미 내려다본다

사진 꺼내어
빨래줄에 거꾸로 걸어둔다
뒤집힌 사진 위에
얼굴 올려놓는다

나는 너에게 붙들린 그림자다
빨래집게로 햇빛 꾹꾹 눌러두고
가위로 싹둑 잘라낸다

그림자의 그늘과 맞바꾼
그곳은 어디?

달빛 열두 말

나는 아무 것도 바라지 않는다
나는 자유이므로
—니코스 카잔차키스의 「묘비명」

말복 지난
송림사 절마당
덕지덕지 조각보 잇댄
누더기옷 걸친 사내가
덩덕쿵 덩덕쿵
無碍춤 흉내낸다
한지 오려붙인 연등 아래
몇 겹 어둠 들추어내자
가죽부대에 달린
발가락 꼼지락 꼼지락
누더기 속에 감춘
알몸도 화들짝 화들짝
저자거리 떠도는 사내
요석공주도 피붙이도
다 벗어버리고
돌탑 속으로
쏙 들어가 버렸다
달빛 사리 열두 말
품었다 도로 내어놓고

풋사과 한 알

와타나베 타다쉬는
서른살의 일본 청년
빡빡 밀어버린 알전구머리
의자에 앉은 그의 눈빛이
주섬주섬 비닐봉지 열어제끼고
여나므 장 런닝 꺼낸다

런닝 차림의 사내는
맨발로 뚜벅 관중석으로 걸어와
아무 글씨나 써라고 강요한다
붉은 매직 글씨가 쓰여진 런닝 벗어
빗물 고인 바닥에 가지런히 포갠다
다시 흰 런닝 갈아입고
관중석으로 걸어와 글씨 써달라고 애원한다
벗었다 입었다 입었다 벗었다를 반복한다

날선 도루코날 꺼내어
손바닥 지그시 누른 뒤
하나둘셋 하나둘셋 핏방울
런닝 위에 점점이 떨어뜨린다
그 위에 풋사과 한 알 얹어두고
유유히 퇴장한다

사과나무를 심자

방독면 쓴 사내가 탯줄 빙빙 돌린다
탯줄 끝에 에드벌룬이 매달려 있다
에드벌룬을 지구라고 부르자

등에 지고 낑낑거리다
젖먹은 힘으로 멀리 내던진다
피씩 바람이 빠져나간
지구가 쪼그라들자 사내는
다급하게 비닐테이프로 땜질한다

바람이 빠진
에드벌룬 의자에 앉아
책장 찢어발긴다

〈빌어먹을 문자가 무슨 소용이람〉

벌거벗은 지구에 사과나무를 심자
목젖이 다 타도록 노래 부르며

어떤 생처럼

무대 아래
찌그렁 구두 한 짝
조요롭게 놓여 있다

그 어떤 조명도
흔해빠진 영화도 없는
막간의 생처럼

지상으로 쉼없이 굴러다니다
뒷축 닳은 구름 발바닥

생뚱 수염 단 사내가
무대 위를 겅중겅중
뛰어다니고

4 —— 너를 랩핑한다

꽃 폭풍

깡마른 倭女
셋이 펼치는 부토춤은
뭉크, 뭉크의 절규다
주체할 수 없이 터져나오는
몸의 길이다

곰배팔이 절름발이 자반뒤집기 등신육갑춤
한바탕 낭자하게 퍼질러놓는다

노래와 울음의 경계인
꽃, 꽃에도
폭풍이 이나

곪아터진 그리움의
몸의 절정에서 솟구치는
언어의 폭풍

공기의 한 무늬

서른 남짓한 대만 여자 엔 츄치는
관객 앞에서 스스럼없이 옷 벗어던진다
달밤에 담담하게 드러난 두 개의 유방
비정형의 중심에 젖꼭지가 달려 있다
사물의 어머니인 배꼽도
불빛에 불려나온다

여자의 희디흰 등짝에
남자 1, 붉은 매직으로
둥그렇게 얼굴 그린다
여자 1, 푸른 매직으로
아무렇게나 새를 그려넣는다
아이 1, 노란 매직으로
철자법 틀린 이름 새겨넣는다

눈 깜짝 할 새 낙서판이 된 알몸
분홍 리본으로 동여매고
관객 속으로 뜬금없이 걸어와 앉는다
허공에 들려진 공기의 한 무늬
가만 들여다본다

소리를 만든다

일본 여자 사키코 야마오카는
왼손으로 자신의 빰을
사정없이 내리 갈긴다
(이 소리는 여러분의 소리입니다
오른손 들어
오른빰을 냅다 갈기고는
(나의 고통을 느끼시나요?

난간에 기대어
타일 바닥 위로 떼구르르
구슬 떨어뜨려 소리를 만든다
소리가 소리를 끌여들여
소리를 지운다

나는 여기에,
당신은 거기에,

바다를 품에 안다

*

하바 가오리는
나고야 태생의 일본 여자
2004년 8월 8일 저녁 8시
고령 내곡미술학교에서
마흔일곱 생일날
「바다로 가다」를 공연한다

태풍 지난
햇빛우물 깊숙이
앗싸, 가오리
날아오르고

*

바다를 배경으로 그네가 매어있다

맨발로 풀잎 위를 걸어간다
발바닥 간지르는 쇠뜨기 아래
눈물이 깔깔거린다
그네에 앉아
밤새 칭얼거리는 바다를

파도가 밀고가고

*

하바 가오리는
가방에서 주섬주섬
로프 꺼내어 왼발을 묶는다

그,
끝,에,
바,다,를.
묶,는,
다,

유리잔 속
파도가 위태롭게
으깨어지고

김치 담그는 법

미국에서 날아온
화가 모건 오하라
가늘고 긴 손가락 끝에
색연필이 두 자루

—먼저 깨끗한 물로 손을 씻는다
—수건으로 물기를 없앤다
—절인 배추 반 포기 준비한다
—마늘과 고추로 버무린 양념도 준비한다
—까나리액젓 넉넉히 준비한다
—배추포기 들추고 양념 부벼넣는다
—그 위에 소금 듬뿍 뿌린다
—양념범벅 배추가 도마에 올라온다

디카에 찍혀나온 희디흰 속살이
화면에 확대 재생산된다
스케치북 위로 쓱싹쓱싹
색연필이 지나가며
발효되지 않는
일상 옮겨다 놓는다

탁탁탁 숨이 멎고

알맞게 잘려나간 권태를
입 안으로 들이민다

오, 스며라 글자

*

몸에 착 달라붙은
검은 티셔츠와 검은 바지 입은
제인 톰프슨은 몸의 司祭 같다
맨발로 풀밭을 건너가
소나무 곁에 선다

까만 보자기에는
조선종이와 유리컵과 라이타와
붓과 양초와 나무젓가락이
들어 있다

**

비스듬이 흰종이 펼쳐놓는다
나무젓가락으로 네 귀퉁이에 못박는다
양푼이에 얼굴 들이밀고 가만 있다
벌컥벌컥 맹물 들이킨다
맹물에 몽당 붓 찍어
조선종이에 냅다 그린다

오, 스며들어라 글자야

종이에 일회용 라이타 긋자
물글씨만 용케 살아남는다
살아남은 물글씨 물끄러미 내려다보다
양푼이물 머리에서 내리 부어내리자
까만 몸 금세 환하게 젖는다

소나무가 된 여자가
풀밭을 건너 되돌아온다

그녀는 여행 중

의자가 하나 놓여 있다
밤을 배경으로 빈 의자는
여행 중인 한 여자를 기다린다
대만에서 온 작달막한 탕 후앙 첸은
지친 몸 끌고 와 털썩
의자에 주저앉는다

나의 작업은 여행의 전 과정과 관련이 있다 당신도 내 여행에 동참하기를 바란다 이번 여행에서 마주 친 풍경은 어린날의 희미한 기억과도 같다 때론 너무 선명하고 때론 너무 비사실적인 사진 한 장……. 여기는 어느 겨울 바닷가 그들은 긴 옷을 입고 있다 한 명은 허리에 손을 올리고 담배를 피운다 겉옷은 어깨에 걸쳐져 있고 아무 상관없은 듯한 표정을 짓고 있다 두 사람은 옆에 앉아 있다 한 명은 앞에 있고 한 명은 뒤에 있다 앞쪽 사람은 마치 동물과 장난치고 있는 것 같다 왼쪽에는 아이를 안은 젊은 부부가 있다 여인의 머리는 매우 짧아 흡사 남자 같다 두 사람은 슬리퍼를 신고 있다 남편은 품에 안은 아이를 내려다보고 있다(이 사진 중에 유일하게 옆모습을 보인 사람이다) 멀찌기 서 있는 사람이 오랜 생각에 잠긴 표정으로 이방인인 나를 보고 있다 바닷바람이 사람들의 겉옷을 날린다(나의 요청에 따라 이 사진을 찍게 되었다) 사람들은 왜 그냥 그렇게 모인 것일까

그녀는 지금 여행 중이다
몸에 새겨진 길 더듬으며
낡은 엽서 속에 겨울바다가 펄럭인다

〈무인도에 곧 닿을 거예요
배가 끊기고 혼자 남아
오오래 버텨보려고 해요〉

나의 이름은 할람!

타마르 라반은
금발의 이스라엘 여인
비디오 켜 놓고
머리 자르며 노래한다
팔레스타인 아이가 부르던 노래를
온몸으로 따라한다

　　신이 비를 내려준다면
　　나는 할머니를 방문할 것이다
　　할머니가 오물렛을 만들어 줄 것이다
　　나는 그것을 먹을 것이다
　　나는 잠이 들 것이다
　　일어났을 때 배가 고파질 것이다

그녀는 지금 팔레스타인을 여행 중이다
예루살렘의 거리와 헤브론의 주택들과
담벼락에 걸려 펄럭이는 깃발을 그리워한다
집에서 기다리는 무슬림 남자의
둥그런 어깨에 가만 머리를 기대고
나직하게 속삭인다

나의 이름은 할람!
할람은 꿈이라고

너를 랩핑한다

호주에서 온
금발의 팔등신 미녀
제인 톰프슨이
무대 위로 걸어나온다
온몸 붕대로 칭칭 동여매고
장승처럼 서 있다
천천히 붕대 풀어내자
바디 페인팅한
얼음 알몸이 금방
불빛에 드러낸다
락이 여우비에 자지러지고
흐느적거리는 알몸이
色色으로 해체된다
립스틱으로 붉게 칠한
젖가슴과 배꼽과 가는 새다리에
알 수 없는 도장이 찍힌다
젖은 지폐로 랩핑한
알몸 스르르
한 여름 밤 속으로
녹아들고

이브의 방

*

먼/바/다/로/떠/나/는/한/여/자/가/있/었/다/

*

야외 무대 위에
오색 종이배 무수히 떠간다
붉은 자루 사이에 두고
남자와 여자가 마주보고 앉는다
가부좌 튼 벼락과 우레가 운다
천리 밖 감람나무 가지가 부러지고
남자와 여자 사이
간간이 침묵이 끼어든다
(나직하게 물소리 들린다)

*

남자가 일어나 옷을 벗는다
붉은 조명 아래 알몸이 드러난다
남자가 자루 속으로 들어간다
여자가 따라 일어나
흰 드레스 아래로 천천히 벗겨내린다

불빛에 드러난 裸線이
자루 속으로 들어간다
(다급하게 물소리 끼어든다)

*

땀범벅인 여자가
엷은 자궁막 찢고 나와
무대 위에 비스듬히 눕는다

길게 누운 분홍 능선 위에
남자가 종이배를 놓는다
어깨 위에도 유방 위에도
잘록한 허리 위에도
종이배가 놓인다

빗물에 젖은 始源의 바다 위로
종이배가 쉼없이 떠간다
(싸이키 조명 아래 락이 귓전을 때린다)

*

태/초/에/이/브/의/방/이/완/성/되/었/다/

흰비둘기야 꺼내줘

나무상자 속으로
한 여자가 들어간다
생은 투명 비닐棺
비닐에 얼굴 들이밀고
가쁜 숨 몰아쉰다

아! 玄室
미치겠다니까
숨 막혀,혀,혀,혀
뒤틀리며 버둥거리며
립스틱 뭉개진 입술로
꺼내줘,줘,줘,줘

자궁에 드러붙은 내 아기
깃털에 싸여 할딱거리는
오, 푸르른 내 심장
하늘로 날려다오

흰비둘기야

봄밤의 기억

춘향*은 낭자한 철쭉밭, 반으로 접은 몸 핑그르 지상으로 날아내리나 머리칼 한 올 남김없이 싹뚝 밀어버린 채 후라이팬 위를 뛰어다니는 저 발바닥, 젖꼭지는 어디 갔나 발바닥 화끈거리는 향단이 어디 갔나 핑그르르 허공에서 날아내리는 저 모시나비, 덩덕쿵 수절과부 춘향이 눈물사랑 어디 갔나

* 안은미가 안무한 현대무용

5 —— 감나무와 시인

갇힌다는 말

문자메세지로 날아온
퍼포먼스에 갇혔다는 말에
나는 갇힌다, 너는 없고
한낮의 거울이 가라앉는다

거울에 갇힌 네 눈을
나는 그윽히 보고 있다
너는 그리움의 감옥, 갇혀서
금은의 소리내는 네 몸을
만지작인다

소금쟁이가 건너간 연못 위로
분홍구름이 지나간다

산적 꿰인 마음도 뒤따라가고

얼음碑

얼음 한 덩어리
능청스레 놓여 있다
햇살에 금세 녹아 없어질
그대에게 스미고 스며
환생할 얼음비

얼음 속에 새겨진
스르르 흙 속으로 스며들 글자반죽
좀벌레도 파먹지 않는 刻字
일생 동안 새기는 사내가 있다

영혼이 빠져나간
조금씩 닳아 없어질 마음경 따윈
빗돌에 새겨두지 말라

지상에 굴러다니는 말 구겨넣고
한 천년 녹아 없어지지 않을 사랑
소문없이 받아 적은 白碑가
햇살에 서 있다

밤의 풍경

이란산 석류 두 개가
밥상 위에 정물로 놓여 있다

나이프로 쩍 가르자
붉디붉은 루비알 불려나오고

남자 1 루비 두어 알 입에 넣는다
여자 1의 입 속으로 건네준다

온몸으로 퍼져가는 달디단 과즙

석류는 간데 없고
코란같은 성전의 밤이 온다

밤하늘로 빼곡히 도망 간
달콤한 루비별

글자를 따라가면 종소리가 난다

*

책상 위에
먼지 풀썩이는 19세기産
로얄 타이프라이터가
놓여 있다

낡은 먹끈 위로 타박타박
낙타가 지나간다
타닥타닥 타이프라이터가
사막인 生을 가로질러 간다

한 세기 두드리다 망가진 글자들

버썩거리는 말 다 지운 그대도
따라 울었던가

**

자판 끝에
낚시줄이 달려 있다
보이지 않는 시간 끝에
작은 종 매달고

〈타자기를 쳐서 당신의 소리를 만드세요

망가진 자판 더듬으며
I LOVE YOU,라고 두드리자
말의 물방울 속에 갇힌 그대
뎅뎅뎅 은방울 소리낸다

감나무와 시인

—김형 어디 있노
—감나무 위에 있다
—뭐 하노
—감 딴다
—감 따서 뭐 하노
—먹는다
—먹어서 뭐 하노
—시 쓴다
—시 써서 뭐 하노
—그냥 쓴다
—언제 내려오노
—안 내려간다
—정말 안 내려오나
—그래 안 내려간다
—바둑 두고 싶으면 어쩔래
—바둑판 들고 위로 올라온나
—나무 베어버린다
—그래도 안 내려간다

수천의 알전구 켜둔 감나무
쓱싹쓱싹 베어 버리자
어디로 갔을까, 그는

몽롱한 봄밤이니까요

오늘 제가 마흔일곱에 첫시집을 내었습니다 주지하시는 바와 같이 제 게으름의 극치에 꽃을 피운 셈입니다 친구 시인을 불러 내었습니다 아직 눈 앞에 어른거리지 않는군요 그럼 봄밤이니까요 몽롱몽롱한 시 한 편 읽어 드리겠습니다 몽롱합니다 매화가 새끼를 배었다구요 봄밤이니까요 몽롱합니다 그만 순산 중이라구요 몽롱합니다 봄밤에 제가 첫 시집을 내었습니다 몽롱합니다 카페 물땡땡*으로 놀러 오십시요 사랑도 시들해진 몸에 몽글몽글 복사꽃 피워 두겠습니다 옛추억에 시 한 편 덤으로 얹어 놓겠습니다

---

* 박상봉의 시집

시하고 놀아요, 그냥

1

—여 · 여 · 여보세요
—뭐라고요 다시 한번 말씀해 주세요
—시 가지고 어떻게 하라구요
—시낭송해 달라고요
—시낭송이 아니고 연극요
—어떻게 하라구요
—하고 싶은대로 하라구요
—시 가지고 놀아라구요, 그냥

2

사내는 무대 위로 올라와 웃도리 벗어던지고 청바지에 티만 걸치고 헛둘헛둘 몸 푼다 손 풀고 다리도 풀고 마음도 풀고 주머니 뒤져 뜬금없이 시집 꺼내어 무대바닥에 내려놓는다 그 위에 낙엽으로 덮는다 바닥에 다리 꼬고 비스듬히 누워 시를 읽는다 심심한지 A4 백지를 관객에게 나누어준다

시, 시라
시는 씨앗

시는 시가렛
시는 시이소
시는 시골 사팔뜨기
시는 시궁창 시궁쥐
시는 깔레의 시민
시는 시방 정토
시는 시어머니
시는 시냇물
시이파아알

시라고 쓴 종이를 무대 위에 다시 쫘악 깔아놓는다

3

—시는 연필로 쓰는 거 맞죠

—그리움이 깊어야 쓰는 거 맞죠

—그럼, 그리움에 한 방 찍어둡시다, 찰칵

그는 엉덩이로 글씨를 쓴다

풀밭 위에서
한 바탕 질펀하게 펼친
四人四色 합동출판기념회

평론가 하나가
시인의 바지 위에
페인트 듬뿍 찍어 바르자
흰 천 위에 퍼질러앉은 그는
뭉기적 뭉기적 글씨 쓴다
엉덩이가 끌고 간 거리만큼
多色의 시간 찍혀 있다

엉덩이 完板本 누가 다시 읽겠나

초록 물감 펼쳐놓은 보자기가
저문 하늘 감싸안는 저녁

시인의 몸을 떠난 흰 천은 어디로 갔을까

초록 위에 흰 천 펼쳐놓는다 백미터에 한 아름이 모자란 풀밭, 화가 이영철 홍창용 권기철 이규목의 몸이 근질근질 달아오른다 큰 붓 든 권기철이 일획의 그리움 가장자리 쓰윽 긋자 시인 이하석 문인수 정유정 박상옥 김선굉 김호진이 달겨들어 글씨를 쓴다 우두커니 서 있던 병꽃도 산수유도 장미꽃도 느릅나무도 성모상도 그림 속으로 휘이익 얼굴 내비친다 풀밭 위에 놓인 노란 바위도 날아가던 노랑나비도 뛰어든다 먹물 묻힌 새가 한 마리 흰 천 속으로 황급히 날아간다 맨발의 이영철이 겅중겅중 걸어다닌다 권기철이 먹물 듬뿍 담은 양동이 흰 천 위에 냅다 들이붓는다 얼룩덜룩한 몸이 먹물의 단순무식 속으로 쏙 들어가 버린다

누더기 책옷

누더기 책옷 걸친 사내가 걸어간다 중앙통 지나 약전골목 지나 동아쇼핑 지나 삼성금융프라자 지나 반월당 지하철 2호선을 타러 내려 간다 더덕더덕 글자옷 기워 입고 온몸에 구린내 진동한다 국수가락처럼 길게 뽑아낸 글자 반죽에 밥 말아먹은 사내가 회전문에 꽉 낀 몸 빼내 걸어간다 맨살에 누벼진 글자의 흔적 만지며 어디론가 바삐 가고 있다

6 —— 말하는 소파

입술 소파 1

한 남자가 마흔세 송이의 장미 다발을 들여다 본다 장미가 가만한 남자를 들여다 본다 장미가 한 여자를 뜯어먹는다 뜯어먹히다만 여자의 갈비뼈 하나 남자가 구멍 뚫어 소리죽여 불고 있다 뜯어먹히려다 만 입술 소파가 저 혼자 심드렁하다

입술 소파 2

살바도르 달리의
매 웨스트 입술 소파에 앉아
觀,淫한다

찢고
까발기고
물어뜯고
할퀴고
네 발로 기고
머리끄뎅이 질질 끌고
수갑 채워 침대에 묶고
등짝에 채찍이 기어가고
배꼽에 담배불 지지고
으으으 제발 그만
새디와 혼돈과 마조를
접붙였다 으깨어
마시고

21세기의 밤은 깊어간다
그렇게 흘러왔다
그,렇,게.

말하는 소파

어서 오세요

오늘 하루도 고생하셨어요

먼저 샤워부터 하셔야지요

마음 풀고 편안하게 누우세요

머리에서 발끝까지 노릇노릇 구워 드릴께요

뼈 속까지 잘근잘근 씹어 드릴께요

구름의 영혼인 아이스크림으로 녹여 드릴께요

지구 반 바퀴나 돌아온 당신

꽃다발 든 소파

립스틱으로 짓뭉갠
붉은 입술 소파가 놓여 있다

여자가 먼저 앉고
한 남자가 뒤따라 앉는다

어깨에 분홍구름 두른 여자가
남자의 입술 반쯤 지운다

꽃다발 든 입술소파가
—사랑하지 않을 거에요,라고
토라져 앉는다

안개 속 떠다니는 夢遊 소파가
머리 위에 떠 있다

상자는 네모 혹은 세모

네모 난 상자가 배달되었다
따끈따끈한 상자의 끈 풀어내자
상자 속에 울고 있는 노파가 다 된
가방장사 때려치우고 시인이 된
세모 상자가 나왔다
아버지 상자는 네모, 네모 난
상자 풀어내자 어머니 상자가
나왔다 어머니 상자 풀어내자
딸의 상자가 나왔다 딸의 상자 속에
흰 눈썹을 한 애인이 나왔다 애인의 상자 속에
더 작은 상자 속에 더 작은 상자 속에
속에, 속에 무엇이…… 들어있나
저 혼자 노래 부르다 목이 쉰 상자는
말짱한 눈물의 하늘이 되었다

홈통 만드는 남자 1

폐교 하나 몽땅 세 내어
새벽부터 밤 늦게까지 홈통 만든다
밤새 교실 한 간 몰래 건너간 호박넌출에는
애호박 반들거려도 거들떠 보지 않는다
나무막대에 모노톤이거나 연분홍 천 입히고
투명 폴리 내리붓는다, 그는
딱딱해진 나무막대 폴리 범벅인 천 떼내고
아크릴판 위에 빳빳하게 세운다, 그는
흥건히 땀에 전 런닝 벗어던지고
플라타너스 녹음 속에 고막 후벼파는 말매미
매미 주제에 울긴 왜 울어라고 뒤돌아보지도 않는다
잠시 울음 내려놓는 사이에도 홈통 만든다
담배 빽빽 빨아대며 밥 먹는 것도 잊는다
아크릴판 위에 폴리 입힌 홈통 가지런히 늘여놓고
Stroke-Line 싸인 넣는다, 그는

홈통 만드는 남자 2

그는,홈통을,만들고,있어요

그는,여름도,잊고,홈통을,만들고,있어요

그는,잠도,안자고,홈통을,만들고,있어요

그는,온몸으로,홈통을,만들고,있어요

그는,홈통을,만들고,있어요

홈통 만드는 남자 3

그
는홈
통을만
들고있어
요그는홈통
을만들고있어
요그는홈통을만
들고있어요그는홈
통을만들고있어요그
는홈통을만들고있어요
그는홈통을만들고있어요

그는홈통을만들고있어요
홈……통……을
만들고……,

자음을 위한 각서

길거리에서
ㄴ
ㄷ
ㄹ
ㅁ
ㅂ
사랑한다고 말하려다
ㅇ
ㅈ
ㅊ
ㅋ
ㅌ
ㅍ
한 생이 다 저물었다

23의 아해를 위한 진혼

*

구름모자 쓴 새가 날아와
제1의 아해에게 말을 걸면
붉은 장화 신은 학이 뒤뚱거리며
제2의 아해에게 말을 걸면
로켓트 탄 여우가
제3의 아해에게 말을 걸면
초록말 등에 앉은 참새가
제4의 아해에게 말을 걸면
말을 걸면 말을 걸면

*

오리도 병아리도
숫자 속으로 들어가 숨는다
여우도 늑대도 학도 금개구리도
아기 초록도마뱀도 꼬리치레도롱뇽도 아기공룡 둘리도
숫자 속으로 들어가 숨는다

제23의 아해가
숫자 밖으로 나와
하염없이 지는 해를 보고 있다

*

늑대가 베어먹다만 7자의 꼬리가
길게 길 밖으로 달아난다
털신 신은 8자 부엉이가
밤마다 허기진 노래 부른다
로켓트 타도
달나라에 간 아이가
하늘 나라 구경한다

*

23의 아해가 행성이 되어 날아다녀요
ㄱ ㄴ ㄷ ㄹ ㅁ ㅂ ㅅ ㅇ ㅈ ㅊ ㅋ ㅌ ㅍ ㅎ
이빨 빠진 글자들 하나씩 꽃으로 피어나요

〈엄마 보고 싶어요, 엄마
아빠에게 말해 나 좀 데려다 줘〉

행성 23호에도 꽃이 필까요, 엄마

숫자에 관한 각서

1234567891011
121314151617
181920212223
242526

사상불온혐의로일경에체포
된李箱은건강악화로보석으
로풀려났습니다1937년4월
17일새벽3시26세7개월로시
인은황급히생을마감하고말
았습니다

단숨에

오얏 리로 고집하는 리홍재는 흰두루마기 정갈하게 차려 입고 하늘엔듯 땅엔듯 주문 건다 길게 펼쳐놓은 무명천 위에서 얼쑤얼쑤 어깨 들썩이며 학춤 추다 항아리 가득 담긴 먹물에 목욕한 큰 붓 꺼내어 단숨에 龍字 내리 긋는다 무명천 위를 미끄러져 가다 허파꽈리에 고인 숨 탁 풀어놓는다 줄창줄창 여름비 내리고 단숨에 그은 글자 흥건히 번진 무명천 속으로 용 한 마리 꿈틀거린다 꼬리 잡고 하늘로 날아오르다 그만 주저앉은 잠룡이 땅 속으로 깊이 깊이 스며들고

제목도 없는

흰 벽면에 액자도 없이
성글게 실자국이 지나간
누런 헝겊에 연필로 찍, 그린
단발머리 계집애의 옆 얼굴에는
귀가 감춰져 있다

안내 엽서도 없는
전시회 이름도 없는
흰 벽을 꽉, 채운
괴상망측한 그림 하나
달랑 걸려 있다
스포트 라이트에 비친
匿名의 섬 같은

지방 미술대학 졸업반인
끝내 주인공이 나타나지 않은
벚꽃 환한 봄날의 헤프닝인

어쩌다가

제목도 없는
그림 하나 달랑 들고와
갤러리에서 전시한다

쑥 팔러온 할머니에게
이천원에 싼 햇쑥 한 줌
비닐봉지에 아무렇게나 넣고는
못에 처억 걸쳐두고
어쩌다가,라고 우긴다

그 옆에 보일듯 말듯
김소리展이라
적어 두었다

비닐봉지 속에 향기 숨긴 햇쑥처럼

그는 도망 중

풀 먹여 빳빳한
조선 장지 속으로
그는 도망 중이다
살결에 스치는 바람결
붓 한 자루 지나가지 않은
길 위를 그는 천천히 가고 있다
닥나무 질긴 육질 두들겨
무채색 生을 배접했던가
희끄무레 진눈깨비 내리다 그친
낡은 벽 위에
봄날의 압통점 박혀 있다
능선 겹쳤다 지워진 소실점 너머
휘어진 길 위를 그는 천천히
지나가고 있다

나무젓가락체

매화꽃 피었다고 나무젓가락에 먹물 쿡 찍어 화첩 위에 심심파적으로 그으댄다 또랑또랑 저 혼자 길 내며 가는 젓가락춤, 바람결에 해오라비 깃털 모지라지듯 금세 모서리 낡아 포르쪽쪽한

반가사유하는 몸의 기호

*

나는 십년 남짓 퍼포먼스를 보러다닌다. 보러다닌다는 말은 정확하지 않다. 퍼포먼스 속으로 나를 밀어넣는다. 멀찍이 떨어진 방관자가 아니라 행위 속에 적극적으로 개입하고 싶어한다.

퍼포먼스는 몸의 축제이다. 몸이 얼마나 자유로울 수 있는가를 보여준다. 니코스 카잔차키스의 「희랍인 조르바」에 "광기가 없으면 밧줄을 끊고 자유로워 질 수 없다."는 구절이 나온다. 이 말은 퍼포먼스 아티스트들에게 바치는 헌사처럼 여겨진다. 그들의 행위는 광기 덩어리다. 일체의 속박으로부터 놓여나 있다. 일상을 벗어던지고 일탈을 꿈꾸는 자들의 놀이판인 동시에 억압된 시대 정신을 온몸으로 표현한다.

*

퍼포먼스는 그 어떤 예술보다도 시적(詩的)이다. 작가의 의지대로 그냥 몸으로 펼쳐 보여주면 되는 것이다. 그 다음은 관객의 몫이다.

퍼포먼스 그 일회성의, 충분히 계산된, 아예 계산되지 않는 일회적 시간을 좋아한다. 몸이 꿈꾸는 욕망, 그 욕망에 불 지피는 행위 속으로 나는 들어간다. 럭비공처럼 어디로 튈 지 모르는 예측불허의 스토리는 즐겁다.

일회적인 삶, 일회적인 사랑, 일회성을 담보한 생.

*

퍼포먼스는 몸의 기호학이다. 예술에 대한 전위적 명제를 몸으로 보여준다. 오브제인 몸이 예술을 위해 복무한다. 퍼포먼스는 이해하기 힘들고, 이상한 집단들의 해괴망칙한 짓거리로 치부해버릴 수도 있다.

퍼포먼스는 20세기의 미래주의, 다다, 액션페인팅, 플럭서스, 누보레알리즘, 해프닝 등 다양한 실험과 변용을 거쳐 오늘에 이르고 있다. 이들의 예술운동은 한결같이 전통적 인식과 관습을 거부한다. 예술이란 기존 가치에 대한 반역이다. 문화란 본질은 끊임없이 과거와 현재가 충돌하면서 전진해 나간다. 그러므로 퍼포먼스는 그 어떤 예술 장르보다 모던하고 전위적이다. 좋든 싫든 퍼포먼스는 이제 중요한 예술 장르의 하나로 자리매김하고 있다.

갑갑한 현실에 대해 견딜 수 없음, 그리고 숨통을 트기 위한 행위, 예술의 첨병에 서서 온몸으로 새로움을 껴안고자 한다. 이런 모색은 문학, 연극, 음악, 미술 등 예술 전반으로 확대된 새로운 예술운동이며 현상이다. 퍼포먼스는 연극보다는 오히려 미술에 가깝다. 행위예술가들은 대부분 미술쪽 사람들이 펼친다.

*

여섯 번이나 열린 〈김천국제퍼포먼스아트페스티벌〉은 매년 한 여름 밤의 축제이다. 한 자리에서 집약적으로 볼 수 있는 국제적인 퍼포먼스 축제는 국내에서 김천행위예술제가 유일하다.

퍼포먼스는 어느 예술 장르보다 격렬하다. 그것은 일탈에의 욕망 때문이다. 지리멸렬한 일상으로부터의 일탈을 꿈꾸며 호주머니를 털어 멀리 호주, 미국, 이스라엘, 홍콩, 대만, 일본, 필리핀 등 15개국에서 100여명의 퍼포먼서들이 다녀갔다. 그것도 인구 10만 남짓한 소도시인을 김천을 찾아온다. 자신에게 주어진 공연이라 그래봤자 20분 남짓이 고작이다. 그 짧은 공연을 위해 그들은 거침없이 수만리를 날아온다.

자신의 몸짓을 보여 주기 위해서, 내면에서 타오르는 어쩔 수 없는 생의 불길, 그 불길의 정체성을 확인하기 위해서 말이다. 나는 예술가의 모습이란 바로 저런 것이구나,하고 저으기 위안을 삼는다. 시집 『퍼포먼스』에 영감을 준 작가들은 국내에서 이건용, 도지호, 홍오봉, 황민수, 김석환, 심홍재, 윤명국, 이상진, 조성진, 박미루, 서승희, 김은미, 배희권, 고경옥, 리홍재, 박원식, 김헌근 등이다. 외국 작가로는 일본의 와타나베 타다쉬, 하바 가오리, 하나 아라시 그룹, 사키코 야마오카, 태국의 츰뽕 아피숙, 대만의 엔 츄치, 탕 후앙첸, 호주의 제인 톰프슨, 이스라엘의 타마르 라반, 미국의 모건 오하라 등이다.

이 외에도 많은 작가들이 있다. 이들 한 사람, 한 사람이 펼쳐보인 작품의 경향은 스펙트럼을 통과한 햇빛처럼 다양하고 이채로웠다. 보다 위대한 퍼포먼스 아티스트들에게 갈채를…….

*

나는 조각가이며 행위예술가인 윤명국을 만나면서 퍼포먼스를 깨달았다. 그는 경북 고령의 폐교된 초등학교를 세내어 내곡미술촌이라는 간판을 내걸고, 화가인 아내와 연년생인 두 아들과 산다. 그는 즐겨 가족퍼포먼스란 이름으로 초등학생인 두 아들을 행위예술 속으로 끌어들인다. 윤명국보다 더 신명나 하는 아이들, 몸이 이끄는 데로 따라가는 아이들의 끼는 보는 사람들에게 순수를 주저없이 안

겨준다.

2004년 5월 29일 고령 박곡의 화가 이규목 화실 뜰에서 윤명국의 퍼포먼스 〈풀밭 위의 퍼포먼스〉가 열렸다. 뉘엿뉘엿 넘어가는 저녁 해를 배경으로 넥타이까지 점잖게 멘 정장의 윤명국은 초록 물감 한 동이를 머리부터 확 뒤집어썼다. 아니, 저럴 수가. 관객들은 예상하지 못한 충격을 받는다. 그러나 그는 태연하다. 검은 안경을 끼고 관객들을 내려다 보면서 스스로 즐긴다.

나는 〈풀밭 위의 퍼포먼스〉를 보면서 「　」 속으로, 「거울을 위한 다섯 개의 미사」를 썼다. 다시 「풀밭 위의 사랑」을 썼다. 윤명국은 김천국제행위예술제에 「거울을 위한 다섯 개의 미사」를 무대에 올렸다. 2004년 8월 8일 내곡미술촌에서 열린 윤명국 퍼모먼스 〈자연 속으로 돌아오라〉에서 나는 시를 읽고, 그는 행위예술을 펼쳤다. 나는 그 작품을 「지붕 위의 의자 두 개」로 다시 형상화하였다.

*

제2회 〈김천국제퍼포먼스아트페스티벌〉 마지막 날, 눈 앞을 분간하기 어려울 정도로 비가 쏟아진 김천조각공원에서의 한 장면은 영영 잊혀지지 않는다.

태국에서 온 츰뽕 아피숙, 그는 노란 비옷을 입고 바닥 청소하는 밀대를 들고 나왔다. 관객을 향해 꾸벅 인사만 하고는 빗물이 고인 블록 바닥을 1시간 남짓 밀대로 밀고 다녔다. 다른 행위예술가들이 공연을 할 동안에도 아랑곳하지 않고 혼자서 시멘트 바닥만 밀고 다녔다.

나는 이 군더더기 하나 없는 츰뽕 아피숙의 행위예술을 보면서 무상의 법열(法悅) 같은 것을 느꼈다. 그리고 퍼포먼스에 빠져들었다. 집으로 돌아온 뒤 「생이 다 망가질 때까지」를 썼다.

예술은 그 어떤 것에도 복무하기를 거부한다. 다만 자신에게 주어진 생을 온몸으로 온몸으로 밀고가는 행위야말로 진정한 예술의 본질이 아닐까?

*

기슬랭 드 마르실리의 『물』(조유진 옮김, 영림카디널)에 사하라 사막의 우물을 파는 대목이 나온다. 그 대목을 따라가 보자.

> 비가 내리지 않는 사막에서 사람들은 어떻게 물을 구했는가. 19세기 말 사하라 북부에는 장마철 외에는 물이 없는 우물을 뜻하는 '리르와디'의 수맥을 찾는 인부들이 있었다. 이들은 리르 와디의 유명한 분출식 우물을 맨손으로 파곤했는데, 이는 모래바다 한가운데에 생명과 신선함을 주는 섬이라 할 수 있는 오아시스의 종려나무숲에 물을 공급하는 엄청난 일이었다. 인부들은 우선 마른 우물을 80미터 정도 파 들어간다. 그리고 마른 내벽에 갱목을 괴어 놓고 어둠 속에서 엄청난 압력으로 지하수의 분출을 막고 있는 석회암판까지 내려간다. 그리고 인부들 중 가장 나이가 많은 사람에게 우물의 마무리 작업을 위임한다. 그는 홀로 우물 밑바닥 어둠 속에서 천천히 석회암판을 부수고, 결국 그의 마지막 곡괭이질에 의해 상상할 수 없는 엄청난 힘으로 한때는 빗물로 사막에 스며들었던 물이 솟구쳐 오르게 된다. 물은 순식간에 우물을 가득 채우고, 늙은 인부는 죽거나 비참하게 부상당한 상태로 수면에 떠오르게 된다. 그리고 나서 다른 인부들이 발에 모래주머니를 달고 80미터 깊이를 잠수해 들어가 물이 나오는 구멍을 넓히면 '없던 우물'이 생겨나게 된다.

예술가의 모습이란 사막 한 가운데서 지하 80미터의 막장에서 석회암판을 부수는 인부의 마지막 곡괭이질의 모습이 아니겠는가.

나는 김은미의 퍼포먼스를 보면서 사하라사막에서 우물을 파는 인부를 떠올렸다. 그녀는 나무상자 속에 들어갔다. 그리고 비닐로 나무상자를 밀폐시켰다. 흡사 나무관 같다. 몸이 갈 수 있는 데까지 극한으로 자신을 몰고간다. 생명의 임계점에서 그녀는 진공의 비닐을 찢고 나와 땅바닥에 그대로 널브러졌다.

나는 충격적인 모습을 보고 「비둘기야 꺼내줘」를 썼다.

*

논다는 것은 유쾌하다. 그것은 꽉 짜인 일상의 틈서리를 비집고 자라는 잡풀의 모습에 다름아니다. 그 틈서리에 모여 우리는 희희낙락한다. 예술의 본질 가운데 유희정신이 있다. 우리 선인들은 일찌기 그것을 간파하고 시회(詩會)나 계회(契會), 뱃놀이 등을 하며 즐겼다. 선인들은 그런 노는 흔적을 그림으로 남겼다. 계회도(契會圖)가 바로 그것이다. 시간이 흐른 뒤 그것을 꺼내보면서 그 날의 분위기를 야금야금 베어먹으며 추억을 아낀다.

우리는 그것을 패러디했다. 화첩을 펼쳐두고 시인은 시를 적고, 화가는 그림을 그린다. 끝에 서예가는 화제(畵題)와 그 날의 내력을 적는다. 고령 박곡의 이규목 화실이 비밀의 화원이다. 가을이 시작되었다고, 국화꽃이 피었다고, 동짓달 긴긴 밤이 외롭다고, 매화꽃이 피었다고 우리는 모여서 마음의 끈을 탁 풀고 논다. 열두 폭 화첩을 펼쳐두고 시시각각 달라지는 마음의 빛깔과 향기를 그리고 쓴다. 그렇게 만들어진 화첩을 하나씩 나눠 갖는다.

몇몇이 작당하여 수줍게, 조금은 얼굴 붉히면서 우리만이 비밀스럽게 놀던 모습을 세상 속으로 끌어내어 잠시 보여 주었다. 그것은 2006년 5월 25일부터 5월 31일까지 대구 봉산문화거리 예송갤러리에서 펼친 「화첩 위에서 놀다」전이다. 갤러리 바닥에 화첩 10개를 펼쳐두고 시인(이하석, 문인수, 김선굉, 박기섭, 박진형)과 화가(이규목, 이영철, 박철호, 권기철), 서예가(리홍재) 등 열 사람이 한바탕 화첩퍼포먼스를 펼치며 질탕하게 놀았다.

이렇게 노는 모습도 지리멸렬한 세상에 양념이 되지 않겠는가. 논다는 것은 그 어떤 의무감이나 어느 것에 복무하지 않아서 좋다. 그냥 허심(虛心)이다. 예술의 본질 운운할 것도 없다. 다만 즐긴다.

*

몸이 마음보다 정직하다. 마음은 꾸밀 수 있지만 몸은 꾸밀 수 없다. 사랑할 때 마음이 몸에 우선하지만 몸은 훨씬 더 정직하다. 몸은 외부의 조그만 변화에도 민감하게 반응한다. 즉각 깨닫고, 즉각 잊어버린다.

파울로 코엘료의 소설 「11분」은 마리아라는 한 창녀의 이야기이다. "11분, 겨우 11분을 축으로 세상이 돌아가고 있었다." 라고 중얼거린다. 11분은 알레고리이다. 11분이란 시간은 창녀가 돈을 받고 가랭이를 벌려주기에 적당한 시간이다. 벌려준다는 행위는 천박한 물신 시대(物神 時代)의 풍자로 읽힌다.

이 싸구려 창녀의 시대에 시를 붙들고 언어의 퍼포먼스를 펼치는 가련한 나여, 불쌍하고 불쌍하도다.

*

김수영은 〈누이야/풍자가 아니면 해탈이다〉라고 다그친다.

퍼포먼스는 현실을 오독(誤讀)한다. 그러므로 풍자가 아니면 해탈이고, 풍자가 아니면 자살이다.

새로운 형식, 언어의 다양한 실험과 해체, 새로운 생으로의 전이.

*

인간의 몸은 200억 개의 뇌세포와 60조의 체세포로 이루어져 있다고 한다. 그 어느 하나라도 탈이 나면 병이 생긴다. 물론 세포란 끊임없이 생성과 소멸을 거듭한다. 몇 십만 년동안 인간은 끊임없이 진화해 왔고, 지금도 진화 중이며 앞으로도 영원히 진화해 나갈 것이다.

시대는 바야흐로 몸이 화두이다. 몸짱, 얼짱, 노래짱, 짱짱이 판치는 지금 한국은 몸의 천국이다. 밤낮으로 운동에 빠져 허우적거리고, 멀쩡한 살을 빼려고 찜통 속에 들어가 몇 시간씩 고문당한다. 그것도 모자라 의사에게 온몸을 맡기고 깎고 조이고 늘리고 지랄발광이다. 그러나 이것은 엄연한 현상이다.

나는 몸이 영혼을 감싸고 있다는 말을 신봉하지 않는다. 몸과 영혼이 분리된다고는 믿지 않지만, 정신이 몸을 압도하는 시대는 이미 지났다. 이제 몸이 정신을 지배하는 그런 시대에 우리는 얹혀 살고 있다.

*

백제 금동미륵보살반가사유상을 본 적이 있다. 오른 다리를 왼쪽 무릎에 얹은 채 손가락 끝으로 살짝 볼을 짚고 골똘한 생각에 잠겨 있다. 반쯤 눈을 감고 반가사유하는 몸, 오욕칠정을 초탈한 신성의 몸. 춤이 몸의 절정이라면, 퍼포먼스는 몸의 일탈이다. 시가 언어의 제의(祭儀)라면, 퍼포먼스는 몸의 제의이다.

나는 퍼포먼스를 발견했다. 그리고 자유로워졌다. 이제 내 몸은 반가사유(半跏思惟)한다. 그러므로 실존한다.

헐렁한 자루 같은, 혹은 보자기 같은

김선굉(시인)

1

예술가는 생의 한 순간을 미분한다. 순간을 더 짧게 끊어나가는, 더 이상 끊을 수 없는 순간의 극점에서 그 순간을 영원으로 치환하는 것. 그것이 미학적으로 세계 해석에 기여할 때, 그 작품은 텍스트로서의 지위와 가치를 지닌다. 한 작품이 텍스트로 성립되기까지의 과정은 눈물겹다. 이루 말할 수 없는 고통이 수반되기 때문이다. 그 고통의 극점에서 맛보는 엑스터시의 절대 희열이 고통을 넘어서는 것이긴 하지만.

2

박진형 시의 텍스트가 된 퍼포먼스들. 그의 서정적 그물망 속에서 퍼포먼스는 한 편의 시로 태어나는 것이다. 퍼포먼스를 테마로 한 그의 연작 시집을 읽으면서, 시와 퍼포먼스는 생의 한 단면을 드러낸다는 점에서 거의 유사한 예술적 DNA를 갖고 있으며, 그만큼 크로스오버 가능성이 클 것이라는 생각을 했다.

박진형이 윤명국이 디자인한 퍼포먼스 무대에 섰을 때, 두 장르가 자연스럽게 몸을 섞는 에로티시즘을 얼핏 보았던가. 어쩌면 우리의 인생 그 자체가 퍼포먼스의 끝없는 반복인지도 모른다. 〈붉디붉은 울음 구겨들고/사내가 자루 속으로 들어간다〉(「몸과 길」)고 쓸 때, 박진형은 시를 집어던지고 무대로 뛰어들고 싶었으리라. 자루 속에는 낯선 생의 여정이 길게 이어져 있고, 그 〈길의 끝에는 쉼없이 바람이 펄럭이〉고 있다. 이 문맥에서 자루는 운명의 다른 이름. 우리의 생은 자루 속으로 구불구불하게 이어진 길을 걸어서 지금 여기에 이르렀으며, 〈다시 살아봐야겠다고/중얼중얼거리며〉 앞으로 나아가는 것이다. 박진형은 그 길목 어디쯤에서 퍼포먼스를 만났을 것이며, 온몸으로 생의 중심을 향해 육박해 가는 퍼포먼스의 자장 속으로 몸을 밀어넣었던 것이다.

이 시집은 박진형이 시의 방식으로 퍼포먼스를 기록한, 비장하면서도 아기자기한 몸의 서사(敍事)라고 할 수 있다. 박진형에게 이리저리 끌려다니며 퍼포먼스를 보면서, 퍼포먼스를 보는 박진형을 보면서, 퍼포먼스를 모티브로 시를 쓰는 박진형을 보면서, 그의 퍼포먼스 연작 시집을 보면서 나는 오래 전에 읽은 그의 시 한 편을 떠올린다.

길은 헐렁한 자루 같다
세상 어딘가에 한쪽 끝이 묶여 있다
가로수가 촘촘히 늘어선 길 옆 초가집은
저녁밥 짓는 실연기를 피워 올리고
하늘은 공손하게 받아들인다
아이들은 길 속에 놓여 있고
새들은 날기를 그만 두었다
일렬로 늘어선 가로수가
아이 뒤를 줄레줄레 따라 가고 있다
주둥이가 묶인 자루 속에는

먼저 간 새와 뒤에 올 아이들이
천진하게 얼굴을 맞대고 있다
—「길 속에서」 전문

이 작품은 박진형이 퍼포먼스를 만나기 오래 전에, 이미 장엄한 스케일의 퍼포먼스를 시의 형식으로 연출하고 있었다는 사실을 확인해 주고 있다. 그는 조각가이며 행위예술가인 윤명국을 만나면서 퍼포먼스를 깨달았다고 쓰고 있다. 그러나 이 작품은 윤명국과의 만남 이전에 이미 그의 체질과 상상력이 대단히 퍼포먼스적이었음을 보여주고 있다. 윤명국과의 만남은 여기에 기름을 붓고 날개를 달아 준, 다시 말해서 퍼포먼스를 통로로 하여 시의 지평을 확장해 가는 계기를 만들어주었다는 점에서 중요한 의미를 지니고 있다. 나는 이 작품에서 국회의사당과 퐁뇌프다리를 흰 천으로 포장한 크리스티의 대지미술을 넘어서는, 그러면서도 소박하고 따뜻한, 대단히 한국적이면서도 현대적인 한 편의 퍼포먼스적 서정을 만났다. 이런 관점에서 그가 몇 년 전부터 다채로운 무늬와 결로 각론화되고 세분화된 퍼포먼스에 몰입하는 것은 아주 자연스러운 일임을 알 수 있다.

이렇게 유추하는 또 하나의 단서는 몸이다. 박진형의 몸에 대한 관심 또한 생래적인 면이 있다. 그는 〈나는 꽃 피는 몸나무이다/한 번도 꽃 피지 않은/몸나무의 추억이다〉(「몸나무의 추억」)라고 노래했으며, 〈산벚나무는 내 안의 당신/당신 안의 적멸보궁〉(「내 안의 봄밤을 따라가다」)이라고 노래했다. 퍼포먼스 아트의 중심에 몸이 있다는 사실을 염두에 둘 때 몸에 관한, 내 안에 관한, 내 안에 들어온 당신에 관한, 내 안에 들어온 당신의 안에 관한, 다시 말해서 집요하게 몸, 또는 몸 안으로 수렴되는 그의 시적 상상력은 자연스럽게 퍼포먼스에 접목되고 있다. 중요한 것은 개별 작품으로서의 퍼포먼스가 주로 내 몸, 또는 내 몸의 안을 향한 그의 관심이 타자의 몸, 또는 타자의 몸으로 치환되는 대상을 통해 시의 지평을 확장시켜 나가는 결정적인 모티브가 되고 있다는 점이다.

그는 이렇게 적고 있다. "나는 퍼포먼스를 발견했다. 그리고 자유로워졌다. 이제 내 몸은 半跏思惟한다. 그러므로 실존한다." 그 어조가 너무 단호하고 결의에 차 있어서 영 마음에 들지 않지만, 나는 이것을 현재 그가 얼마나 퍼포먼스에 몰입해 있으며, 그것을 통해 얻은 자유와 실존을 얼마나 환희하고 있는지에 대한 강조 어법으로 읽는다. 그의 퍼포먼스 연작 시편은 이전보다 훨씬 자유로워진, 유연해진, 만만치 않은 탄력과 속도감으로 유니크하게 전개되고 있다.

그러나 퍼포먼스를 발견하기 이전에도 그는 서정적 자유주의자였으며, 어떤 측면에서는 퍼포먼스를 향한 그의 몰입이 오히려 어떤 틀에 갇히는 아이러니일 수도 있다는 생각이 든다. 두 장르의 본질과 특성을 깊이 들여다보면, 시가 퍼포먼스의 대본이 되는 게 더 훨씬 더 자연스러운 것 같기 때문이다. 이것은 좀더 시간을 두고 풀어나가야 할 과제다. 말하자면 어떤 퍼포먼서가 "나는 시를 발견했다. 그리고 자유로워졌다. 내 언어는 半跏思惟한다. 그러므로 실존한다"고 쓰는 게 순서일 것 같다. 시가 퍼포먼스의 텍스트가 되는 것. 이것은 앞으로 어떤 시인보다도 박진형이 고민하고 방법을 찾아내야 할 과제로 남는다.

3

시집 『퍼포먼스』의 서시(序詩)인 「새가 되고 싶은 나」는 그가 이 연작을 통해 추구해 마지않는 절대 주제가 시인으로서의 실존을 향한 서정적 자유임을 분명히 하고 있다.

꽃이 새가 될 수 있다면
나무가 새가 될 수 있다면
돌멩이가 새가 될 수 있다면
땅 따먹힌 땅이 새가 될 수 있다면
검은 비닐이 새가 될 수 있다면
오색 풍선이 새가 될 수 있다면
구름이 새가 될 수 있다면

자유가 자유를 그리워하듯
그대가 눈물뿐인 사랑을 끌어안듯
새가 비로소 새가 되듯
—「새가 되고 싶은 나」 전문

얼마든지 더 이어질 것 같은 무한 반복을 통해 도달하고자 하는 그의 정신적 지향은 새로 표상되는 자유이다. 홍오봉의 퍼포먼스를 모티브로 한 이 작품은 그의 연작시의 테마가 자유이며, 바슐라르적 몽상에 기댄 존재론적 자유가 될 것임을 시사하고 있다. 또한 이 작품은 서시로서 그가 이 연작을 통해 얻고자 하는 자유를 명제화한 것으로 그 사명을 다하고 있다. 그리고 그 명제를 꽃과 나무, 돌멩이와 땅, 검은 비닐과 오색 풍선, 구름과 같은 소품들로 사물화하면서 완성도를 높이고 있다. 박진형이 개별 작품을 통해 실현하고 있는 자유의 모습과 표정은 퍼포먼스 속에서 이루어지는 행위 자체의 리얼리티에 기대기도 하고, 일상적 삶의 모습으로 환원되기도 하면서 다채롭게 변주되고 있다.

십여 년 전 서울 양재동 교육문화회관에서 덕 바론의 춤을 보면서, 나는 순간적으로 무대에 뛰어오르고 싶은 충동을 느낀 적이 있다. 그는 40대 중반을 건너고 있었으며, 그리 크지 않은 키에 몸이 굵고 배가 나온, 머리가 좀 벗겨진 미국 남자 무용수였다. 고전적인, 교양적인 잣대로는 도무지 춤꾼이라고 보기 어려운 이 남자의 몸이 빚어내는 춤사위가 서서히 무대를 장악해 가는 모습을 보고, 나는 현대무용의 매력 속으로 깊이 빠져 들어갔다. 나는 객석을 버리고 무대 앞 통로에 앉아서, 때로는 황홀한, 때로는 드라이한, 때로는 혼돈스러운……, 그의 몸을, 몸의 움직임을 살폈다. 거기서 실내용 망원경으로 무대를 관찰하고 있는 김영태 시인을 만났다. 나는 그의 작은 몸에서 프로의 냄새를 맡았다. 그 후 한참의 시간이 지난 뒤 대구에서 몇 차례 그를 만났는데, 그는 왜소한 몸에 지팡이를 짚고 있었고, 의외로 많이 늙어 있었다. 왜 그랬을까. 덕 바론과 대단히 대조적이었음에도 불구하고, 나는 김영태의 몸이 무용에 적합하겠구나, 하는 생각을 얼핏 했다. 그후 김영태는 그가 쓴 대본으로 호암아트홀 무대에 올려진 작품에 출연한 적이 있다. 그의 출연이 무대를 살렸는지, 죽였는지, 아니면 그저그랬는지는 또다른 문제이지만, 그가 현대무용을 하는 댄서가 된 것은 틀림없는 사실이다.

2년 전 여름 김천 황악산 기슭 직지문화공원 야외무대에서 펼쳐진 제4회 김천 국제퍼포먼스 아트 페스티벌(KIPAF) 현장을 카메라를 들고 누비던 박진형을 바라보면서, 나는 순간적으로 김영태를 떠올렸으며, 촌닭 같은 체구에 코가 큰 저 사나이의 몸도 퍼포먼스에 적합하겠구나, 하고 생각했다. 얼마 뒤 그는 경북 고령 윤명국의 작업장에서 이루어진 퍼포먼스 무대에 뛰어올랐다. 드디어 돌기 시작한 것이며, 걷잡을 수 없는 격정이 그의 몸을 휩싸기 시작한 것이다. 다음 작품은 박진형이 윤명국과 함께 직접 참여한 작품을 모티브로 쓴 것이다.

슬라브 지붕 위에
저문 하늘을 배경으로
붉은 나무의자와
흰 플라스틱 의자가
덩그러니 놓인다
사내 둘 사다리 타고
하늘로 올라간다
붉은 나무의자가
시를 읽는다
흰 플라스틱 의자가
시계추를 흔든다
영 손발이 맞지 않는
시계추와 詩錘 사이
엇박자로 달이 떠 있다
시인이 앉았다 떠난
붉은 나무의자가
달 속으로 들어가고

—「지붕 위의 두 개의 의자」 전문

한여름밤 달이 내려다보는 가운데, 그는 윤명국과 함께 폐교의 2층 슬라브 지붕 위로 올라가서, 2004년 봄 이규목의 아틀리에에서 펼친 윤명국의 퍼포먼스 「초록 빵끼통」을 보고 쓴 꽤 긴 작품 「거울을 위한 다섯 개의 미사」를 읽었다. 박진형으로서는 아마 처음으로 퍼포먼스에 출연했으리라. 그의 몸이 퍼포먼스에 적합했다. 〈시인이 앉았다 떠난/붉은 나무의자가/달 속으로/들어〉간다는 피날레는 대단히 상징적이면서도 시적이다. 물론 달 속으로 들어간 그 의자는 박진형이 「새가 되고 싶은 나」에서 꿈꾸어 마지않던 자유의 표상인 새의 다른 이름이다. 그의 행위가 개입되어서인가, 이 작품은 현대적이면서도 세련된 시적 아우라를 발하면서 그가 지향하는 서정적 자유의 어느 한 지점에 연착륙하고 있다.

4

〈길은 헐렁한 자루 같다〉고 한 박진형의 시를 패러디하면, 퍼포먼스는 참 헐렁한 자루와 같으며, 무엇이든 감쌀 수 있는 보자기와 흡사한 예술이다. 구태여 무대가 필요없으며, 의상 또한 자유롭다. 테마를 형상화하는 결정적인 재료는 몸이며, 효과적인 표현을 위한 최소한의 소품이면 충분하다. '60년대 미국의 플록서스에서 출발한 전위 미술의 한 영역인 퍼포먼스 아트는 그 자루를 어느 방향으로 늘이느냐에 따라, 그 보자기를 어떻게 펼치느냐에 따라, 음악과 미술, 무용과 문학 등 거의 모든 예술 장르와 어느 한 지점에서 만난다. 참 헐렁한 자루 같은, 제법 오지랖이 넓은 보자기 같은 아트이다.

나는 앞에서 김영태의 몸이 무용에 적합한 것 같다고 했다. 김영태가 무용 무대에 올랐다. 나는 박진형의 몸이 퍼포먼스에 적합하다고 했다. 박진형이 퍼포먼스의 중심에서 행위했다. 김영태가 무용을 하고 박진형이 퍼포먼스를 했다는 말은 무용과 퍼포먼스에 적합하지 않은 몸은 없다는 말과 같다. 다만 무엇을 어떻게 표현하느냐만이 문제가 된다. 이것은 현대무용과 퍼포먼스, 특히 퍼포먼스가 우리의 일상적 삶과 수평적인 지점에 있으며, 퍼포먼스가 인접 예술과 어떤 형태로든 접목될 수 있는 장르임을 말해주고 있다.

어쩌면 우리의 일상적인 삶 자체가 퍼포먼스가 아니겠는가. 이런 관점에서 퍼포먼스는 무대예술 가운데에서 가장 문학적인 성격이

강한 장르라는 생각이 든다. 생래적 기질도 기질이지만, 박진형이 퍼포먼스를 향해 체중을 실어가는 유력한 단서는 이미 퍼포먼스 자체의 성격에 내재하고 있는 것 같다.

퍼포먼스 시편으로 한 권의 시집을 묶을 때까지 다른 작품은 쓰지 않겠다고 할 정도로, 퍼포먼스를 향한 그의 열정은 뜨거웠다. 그리고 한 권의 시집이 만들어졌다.

그는 행위하는 몸에서 〈노래와 울음의 경계〉(「꽃 폭풍」)를 본다. 그리고 그 경계에 〈꽃〉이라는 이름을 주고, 〈꽃에도 폭풍이 이나〉라고 물으면서 퍼포먼스의 중심에 놓인 몸을 탐색해 들어가고 있다. 특히 「배개를 觀하다」, 「밥물이 넘는 동안」, 「지겨운 生에 관한 한 보고서」와 같은 일련의 작품에서 보여주고 있는 자유분방함, 거침없음, 다채로운 언어의 변주, 〈몸의 절정에서 솟구치는/언어의 폭풍〉(「꽃 폭풍」)은 박진형 류의 자유의 한 지평을 열어가고 있음을 유감없이 보여주고 있다. 다만, 자루라면 좀더 헐렁하게, 보자기라면 좀 더 넓게, 그러한 자루와 보자기 안에서 더 큰, 더 발랄하고 자유분방한 서정적 자유를 구가하기 바란다. 새삼스럽기는 하지만, "쇠를 두드리면 쇳소리가 나듯이 몸을 두드리면 말이 나온다"는 메를로 퐁티의 말을 귓속말로 전하면서…….

퍼포먼스

초판 인쇄 / 2007년 6월 10일
초판 발행 / 2007년 6월 15일

지은이 / 박 진 형
펴낸이 / 박 진 환

펴낸 곳 / 만인사
등록번호 / 1996년 4월 20일 제03-01-306호
주소 / 대구광역시 중구 대봉2동 743-7번지
전화 / (053)422-0550
팩시밀리 / (053)426-9543
E-mail:maninsa@hanmail.net

ISBN 978-89-88915-77-6

값 10,000원